Das Buch

»SCHON RENNT EIN MANN MIT ERHOBENEN ARMEN
IN PANIK VORBEI, UND ER FLEHT UM ERBARMEN,
DAHINTER KOMMT HOLGER, DIE WALDFEE, GERANNT,
MIT WUT IN DEN AUGEN UND AXT IN DER HAND ...«

Lars Ruppels Poesie kommt daher wie Ringelnatz in Baggy Pants. In seinen Gedichten verbindet sich klassische Dichtkunst mit der unverbindlich-saloppen Art der Poetry-Slam-Kultur.

»Lars Ruppel macht viele gute Sachen. Dazu gehören zuallererst seine Texte!« *Frankfurter Allgemeine Zeitung*

Der Autor

Lars Ruppel, Jahrgang 1985 und nach eigener Aussage »Vollzeitslammer«, ist einer der bekanntesten Wortwettkämpfer Deutschlands. Er tritt seit seinem 16. Lebensjahr auf, wurde mehrfach ausgezeichnet und 2014 deutschsprachiger Poetry-Slam-Meister.
Lars Ruppel lebt heute in Berlin.

www.larsruppel.de

Der Illustrator:

Eyke-Sören Röhrs ist in einem Dorf in der Lüneburger Heide aufgewachsen. Nach Aufenthalten in den USA und einem Studium an der Muthesius Kunsthochschule in Kiel studiert er derzeit Anglistik. Er wirkte an verschiedenen visuellen Projekten mit und ist seit 2011 auch als Musiker und Sänger tätig.

LARS RUPPEL

Holger, die Waldfee

Zwölf Gedichte
über Redensarten

Ullstein

Besuchen Sie uns im Internet:
www.ullstein-taschenbuch.de

Erweiterte Lizenzausgabe im Ullstein Taschenbuch
1. Auflage November 2016
2. Auflage 2017
© 2014 by Satyr Verlag Volker Surmann
Umschlaggestaltung: ZERO Media GmbH, München
Titelabbildung: © FinePic®, München
Grafiken im Innenteil: © Eyke-Sören Röhrs
Druck und Bindearbeiten: CPI books GmbH, Leck
ISBN 978-3-548-28798-0

Inhalt

Vorwort 6

Holger, die Waldfee 8
Schmidts Katze 14
Heiliger Strohsack 21
Herr Gesangsverein 29
Nicht schlecht, Herr Specht 38
Alter Schwede 47
Ach du liebes Bisschen 56
Donnerlittchen 60
Heide Witzka 72
Weiß der Kuckuck 81
Herr Morgenstund 90
Mary Kristmess 98

Bonustrack: Volker Racho 107

Vorwort

Das erste Mal traf ich Frau Hempel zufällig auf einem Poetry-Slam. An der Kasse sagte sie ihren Namen, weil sie auf der Gästeliste stand. Ich war zufällig in der Nähe und sprach sie an, ob sie Mitglied der berühmten Familie Hempel sei, unter deren Sofa es so unaufgeräumt sein solle. Tränen schossen in ihre Augen, und ich spürte, dass ihr das nicht das erste Mal geschah. Ich entschuldigte mich, und wir kamen ins Gespräch. Ihr Schicksal bewegte mich. Sie und ihre Familie litten sehr unter dieser Redensart. Sie erzählte mir, dass angeblich ihre Ururoma keine sehr ordentliche Person gewesen sein soll und sich ihr Familienname seitdem in dieser Redensart wiederfinde. Sie selbst habe daheim gar kein Sofa, nur eine Garnitur Sessel und einen Wohnzimmertisch, und unter diesen Möbelstücken herrsche beste Ordnung.

Seit dieser Begegnung beschäftige ich mich mit Redensarten und den Geschichten, die sich hinter ihnen verbergen. Ich möchte ein Bewusstsein schaffen für Worte, die wir oftmals viel zu sorglos verwenden.

Lars Ruppel

Holger, die Waldfee

Jeden Morgen,

wenn tieffliegende Sonnenstrahlen
am Waldrand erst die Wurzeln kitzeln,
federfein mit hellen Farben
Graffiti in die Rinde kritzeln,

zerbrechen und als Scherbenregen
den Waldboden mit Glanz bedecken,
mit einem Streicheln die Insekten
unter Humusdecken wecken;

wenn die Stille, die im Wald zur Nacht
noch eben jeden Ton verbot,
vertrieben durch den Klang der Welt,
leicht angespielt vom Morgenrot,

verschämt ein Stück zur Seite geht
und Platz schafft für Konzerte;
Akkorde, die das Leben greift,
vom Hörer höchst verehrte

Klänge, wie das Amselzwitschern,
das, wenn man sich konzentriert,
klingt, als singe eine Orgel,
die im Regen explodiert.

Der Strauch, der müde Knospen streckt,
das Weidenkätzchenschnurren,
Humus, der leis' Faulgas furzt,
ein Wühlmausmagenknurren,

Asseln, die mit lautem Groll
nach Kellerschlüsseln suchen,
und von oben raschelt sacht
das Umblättern der Buchen.

Welch Wohlklang, welch Balsam!
Oh, Waldlebens Lied!
Der Tag hat am Morgen
den ersten Zenit.

Der Schöpfung zu Ehren
erhebet die Ohren:
Euch wurde der Tag
von der Sonne geboren!

Kommt alle zum Reigen,
heut wollen wir tanzen
zum Lobe des Kleinen
im Großen und Ganzen.

Zum Ärger des einen:
Der, der nicht gerne tanzt,
der, dessen Wohnung
bepilzt und verranzt,

der öffnet die verdreckten Fenster,
holt tief Luft, und dann kawemmst er:
»Halt die Fresse, du!«, und droht
der ganzen Welt mit Hausverbot.

Der Herr, der sich so echauffiert,
ist großflächig und unrasiert
und doch des Waldes treuester Geist:
Es ist die Fee, die Holger heißt.

Einst war der Holger die Fee aller Wälder,
Herrscher der endlosen Baumkronenfelder,
Patron aller Wesen, Vertreter des Lebens,
Ausgleich im Kreislauf des Gebens und Nehmens,

der Ruhepol des Pendels, das hinter den Dingen
im rhythmischen Tanz aus harmonischem Schwingen
die Teile des Puzzles, das einstmals entzweit,
vereint' zu Gemälden in Rahmen aus Zeit.

Nur Holger, die Welt und ein Beutel voll Samen
und Jahre, die gingen, genau wie sie kamen.
So wurde aus Boden, der leblos und kalt,
ein Kind dieser Erde in Kleidern aus Wald.

Später, als Menschen in Baumwipfeln lebten,
an Haaren und Händen die Harztropfen klebten,
da wusste man noch seine Arbeit zu schätzen
und lebte gar gerne nach seinen Gesetzen.

Und heut? Hat er Wohnrecht im eigenen Heim,
ist nicht mehr vonnöten und meistens allein –
ein lebendes Denkmal aus schöneren Tagen.
Im Wald hat seit Jahren das Forstamt das Sagen.

Wie jeden Tag schaut bald sein Alltag vorbei,
voll Seufzern des Saufens und RTL2.
Die Waldfee von einst ist nun kaum mehr ein Schatten,
geworfen von Tagen, die Sonnenschein hatten.

Im Forstamt am Tisch bei Kaffee und Tee sitzen
in Graustufen aufgereiht Männer mit Schlipsen;
zu allem entschlossen, den Rotstift gezückt,
den Arsch bis zur Ritze ins Leder gedrückt.

Über dem Schlips ist kein Platz für Gefühle,
IKEA braucht Rohstoff zum Bau neuer Stühle.
»Die brauchen Stühle, und wir brauchen Geld.«
Alle gewinnen, so leicht ist die Welt.

Einen Wildschweinfurz später schon flattern geschwind
im Rausch der Geschwindigkeit Schlipse im Wind.
»Hü!«, rufen sie, und sie peitschen die Trucks,
der Forstamtschef johlt und schwingt stolz seine Axt,

bis schließlich am Waldrand die Rodhorde hält
und einer ins amtseig'ne Megaphon bellt:
»Hier spricht der Sprecher der Forstamtsinsassen.
Wir bitten die Tiere, den Wald zu verlassen!

Die Baumfällarbeiten beginnen alsbald!
Noch fünfzehn Minuten, dann wird dieser Wald
kraft uns'rer Äxte zu Kleinholz gemacht
und dann zur Verstuhlung nach Schweden gebracht.«

Die Tiere erstarren, nur Lider, die fallen,
denn Stahl ist viel härter als Schnäbel und Krallen.
Das Leben sieht manchmal so hoffnungslos aus
wie Omas beim Ausflug ins Leichenschauhaus.

Doch grad als man Abschied vom Walde genommen,
hören sie Schreie vom Waldrand her kommen.
Schon rennt ein Mann mit erhobenen Armen
in Panik vorbei, und er fleht um Erbarmen.

Dahinter kommt Holger, die Waldfee, gerannt,
mit Wut in den Augen und Axt in der Hand.
Von weitem sind Rauchwolken gut zu erkennen:
die Seelen der Trucks, die am Waldrand verbrennen.

Holger verzeiht nicht, er tut lieber weh –
ein echter Chuck Norris im Kleid einer Fee.
So erhielt Holger den alten Respekt,
nach so vielen Jahren erfolgreich comebackt.

Was lehrt dieses Märchen? Oder ist das Klischee?
Sind wir nicht alle für irgendwen Fee?
Unbemerkt wachend und gleichsam bewacht,
geben wir gut auf die anderen acht.

Denn steht einer mal mit dem Rücken zur Wand,
steht dahinter 'ne Fee mit 'ner Axt in der Hand.

Schmidts Katze

Prolog

Ein Kinderspielplatz in der Mitte des Stadtparks
gereicht meist den Ärmsten der Stadt zum Abort;
des lichtscheuen Jungvolks gepaffte Tabake
vernebeln den kinderverneinenden Ort.

Versteckt zwischen Scherben und Präservativen
bezeugen Konturen von Pfoten im Sand:
Hier mögen sich tagsüber Menschen befinden,
doch nachts ist der Platz nicht in menschlicher Hand.

Wenn Stadtpark und Stadt schon im Stand-by verharren,
verlassen die Katzen durch Klappen das Haus,
entschlüpfen den Rollen, die sie für uns spielen
und ziehen in Scharen zum Spielplatz hinaus.

Dort sitzen die Miezen, von Mondlicht beschienen,
im täglichen Plenum der Katzen der Stadt,
wo seit ihrem Wahlsieg im letzten September
den Vorsitz die Katze der Schmidts innehat.

Erkor'n, um aus Haustieren Kämpfer zu machen
und sie in die Schlacht um die Freiheit zu führen,
den Umsturz der Weltordnung endlich zu schaffen,
um sich dann zum Frauchen der Menschheit zu küren.

Denn die Zeit, was zu ändern, war endlich gekommen,
zu brechen den domestizierenden Bann;
der Herrschaft der Menschen ein Ende zu setzen,
mit der alles Elend auf Erden begann.

*

So unbemerkt, wie es nur Katzen vermögen,
infiltrierten sie uns, und wir merkten nicht, wie.
Am Anfang war'n 's nur Hello-Kitty-Klamotten,
am Ende verloren wir alles an sie.

Ihre Niedlichkeit wuchs, und ihr Image wurd' besser.
Und so ging dann schließlich die Wirtschaft dahin,
weil alle sich Katzen auf YouTube anschauten
und kein Mensch mehr morgens zum Arbeiten ging.

Ihre Angriffe trafen uns unvorbereitet,
man hatte ja mehr an Muslime gedacht;
auch PRISM hat niemandem weitergeholfen;
wer kein Internet hat, wird nicht gut überwacht.

Doch irgendwann waren die Vögel verschwunden,
und irgendwann lagen sie dann vor den Türen,
und nachts wurden lieber die Fenster geschlossen,
denn draußen, da waren die Katzen zu spüren.

Das Dunkel der Nacht barg die Schemen der Viecher,
vermischt mit dem nächtlichen Katzenfellgrau.
Genährt von der Wut auf die menschliche Rasse
erhob sich bedrohlich ihr Klagemiau.

Und irgendwann kratzten die Katzen Parolen
in Autos und in manches Kindergesicht.
Und wir sprayten anfangs noch »All Cats Are Bastards!«,
denn öffentlich sagte man so etwas nicht.

Dann kamen die Katzenklostreuattentate;
die Flüsse verklumpten, das Wasser wurd' knapp.
Wie blutiger Schnee fielen Mäusekadaver
von Hochhäusern auf uns're Köpfe hinab.

Der Wind wehte Katzenhaarbüsche durch Straßen,
die Welt war von hauchfeiner Fellschicht verziert.
Allergiker schwollen auf doppelte Größe,
und manche von ihnen sind gar explodiert.

Doch irgendwann wurde der Widerstand stärker:
Die Hunde versuchten als Erste ihr Glück.
Vom nächtlichen Sturm auf den Spielplatz im Stadtpark,
da kehrte nur einer von ihnen zurück;

im Maul eine Nachricht, mit Whiskas geschrieben,
höchstselbst von der Katze der Schmidts formuliert:
»Der Mensch soll sein klägliches Leben behalten,
sofern er den folgenden Deal akzeptiert:

So beugt er sein Knie und ergibt sich den Katzen,
dann soll er die Gnade der Katzen erfahren
und dafür den Katzen als Hausmensch nun dienen,
die lange genug selber Untertan waren.«

Die Herren von einst würden Sklaven von Herren,
die sie einst zu Sklaven von Herren gemacht,
dass diese erleben, was Freiheit bedeutet,
in der sie ihr Leben als Herren verbracht.

Doch gibt's auf der Welt nur zwei echte Konstanten:
die Schönheit der Frau und den menschlichen Stolz.
Die Krone der Schöpfung ist selbst angefertigt
aus Habgier, Gewalt, Egoismus und Holz.

Verbeugt sich ein Mensch, dann um Geld aufzuheben,
doch niemals vor einer miauenden Macht.
So denkt der Mensch heute, so wird der Mensch denken,
und so hat der Mensch auch schon immer gedacht.

Drum schickten die mächtigsten Menschen der Menschen
den mächtigsten Menschen als Repräsentant
zum letzten Duell in der Mitte des Stadtparks
beim Kinderspielplatz auf dem Sandkastensand.

Um Mitternacht stand auf vier Pfoten Schmidts Katze
vor Angela Merkel in Kampfpositur.
Auf Angies »Wir sollten hier differenzieren«,
da schnurrte Schmidts Katze und lächelte nur.

Sie zog die am Kratzbaum geschliffenen Krallen,
und Angela Merkel verzog ihr Gesicht.
Mit Lügen, Verblendung und blutleeren Floskeln
gewann sie den Wahlkampf, doch diesen Kampf nicht.

Erst wich sie nur aus, um sich selber zu schützen,
überließ ihrem Gegner den folgenden Schritt,
erhob schließlich hinterrücks Steuern auf Mäuse
und subventionierte die Hunde damit.

Sie stoppte die Tierschutzgesetze für Katzen,
verbot, in der Öffentlichkeit zu miauen.
Dann ließ sie Horst Seehofer aus seinem Käfig
und schenkte Schmidts Katze ihr vollstes Vertrauen.

Schon wollte sich Angie ein wenig erholen
vom »christdemokratisch« genannten Regieren,
da sah sie Schmidts Katze auf Seehofers Rücken
mit lautem Geschrei auf sich zugaloppieren.

Was danach geschah, will ich hier nicht beschreiben;
ein Vorhang schiebt sich zwischen Zettel und Stift,
verdeckt, was passiert, wenn »Alternativlosigkeit«
zum ersten Mal auf echten Widerstand trifft.

Letztendlich fiel Licht eines traurigen Mondes
auf Kanzlerinblut, das den Boden bedeckte.
Darin eine Katze mit blutigen Krallen,
die sich die primären Geschlechtsteile leckte.

Die Herrschaft der Katzen nahm so ihren Anfang.
Und wenn diese auch etwas grausam begann,
sie brachten uns Frieden, Gesundheit und Whiskas
mit saftiger Sülze und Stücken vom Lamm.

Sie lehrten uns Menschen das Leben der Katzen:
Wir tauschten die iPhones gegen Wollknäuel ein;
wir lernten das Leben im Liegen zu lieben
und mit einem Streicheln zufrieden zu sein.

Doch geht man des Nachts durch den Stadtpark spazieren,
erkennt man Konturen von Körpern im Licht,
beim nächtlichen Plenum der Menschen beim Spielplatz,
wo man im Geheimen von Widerstand spricht.

Zufriedenheit ist einfach nichts für uns Menschen,
denn ist es auch warm und gemütlich und fein,
es könnte doch irgendwo für irgendjemand
noch wärmer, noch gemütlicher, noch feiner sein.

Denn hinter der niedlichen Menschenfassade,
die freundlich geschminkt in die Kamera winkt,
versteckt sich im Schatten des menschlichen Wesens
ein leise miauender Killerinstinkt.

Und dort, wo der endet, dort gibt's einen Keller,
von dort kommt ein Kichern, ganz leise und dumm,
das sind Lobbyisten, die wirklichen Herrscher
von Spielplatz, von Stadtpark und der Welt drumherum ...

Heiliger Strohsack

Am Anfang war einer voll Sorgen und Zweifeln,
den ließen die Fragen nicht ruh'n:
Wie fing alles an?
Weswegen und wann?
Und was hab ich damit zu tun?

Er trank und verlor sich und fühlte sich einsam,
und irgendwann schmiss er dann hin.
Er stieg schließlich auf
ein Hochhaus hinauf,
denn nichts ergab mehr einen Sinn.

Er sprang, doch er starb nicht, so wie erwartet,
denn dort, wo er landete, war
ein Sack voller Stroh,
der bremste ihn so,
dass ihm überhaupt nichts geschah.

Da lag der vom Leben ermüdete Springer
gemütlich auf einem Sack Stroh.
Er dachte: »Aha!
Ich bin ja noch da.«
Und irgendwie war er ganz froh.

Er kniete sich vor seinen rettenden Strohsack
und dankte mit einem Gebet:
»Oh, Strohsack! Oh, yeah!
Ich liebe dich sehr!«
Denn er wusste nicht, wie das geht.

Er war diesem Strohsack so unendlich dankbar,
dass er ihn zur Gottheit erklärt'.
Er übte geduldig,
wie man so huldigt
und wie man am besten verehrt.

Da kam eines Tages ein sehr müder Reisender
langsamen Schrittes vorbei.
Dem bot er an, den
Strohsack zu sehen,
der heilig und wunderbar sei.

Der Reisende wollte grad sowieso rasten
und kniete sich einfach dazu.
Da wurd' er bald sehr
müde, und er
kam erstmals seit Tagen zur Ruh.

Als schließlich der Reisende wieder erwachte
nach ruhig durchgeschlafener Nacht,
da schrie er: »Oh, shit!
Ich bin wieder fit!
Der Sack hat ein Wunder vollbracht!«

Das Wunder vom Wanderer machte die Runde
bei denen, die wenig verstehen.
Die machten sich auf
und gingen zuhauf
zum Stall, um den Strohsack zu sehen.

Doch als sie den Strohsack dann endlich erreichten,
da waren sie völlig geschafft.
Und weil man dann schlief,
zufrieden und tief,
trat wieder das Wunder in Kraft.

Die Pilger erwachten und fühlten sich besser,
und weil sie nicht wussten, wieso,
ertönte so klar
ihr »Halleluja!«
dem Heiligen Sack voller Stroh!

Sie knieten vor ihm mit gefalteten Händen,
Anbetungen wurden erbracht,
doch der Strohsack blieb stumm.
Sie schrien: »Warum?
Was haben wir Falsches gemacht?«

Ein Glaubender meinte des Strohsackes Stimmung
sei wegen des Stalles vergällt:
»'ne Kirche muss her!« –
Und alle so: »Yeah!«,
und gaben gleich ihr ganzes Geld.

Sie bauten dem Heiligen Strohsack zu Ehren
eine Kirche aus Marmor und Gold
und beteten laut:
»Wir haben gebaut!
Wie du, oh Herr Sack, es gewollt!«

Sie knieten vorm Strohsack mit flehenden Blicken,
um endlich ein Zeichen zu sehen.
Aus dem Strohsack fiel Stroh.
Sie riefen: »Wieso?
Wie sollen wir das Zeichen verstehen?«

Ein anderer meinte, es gäb' wohl zu wenige
Gläubige, die ihn verehren.
Der Beifall war groß,
drum zogen sie los,
um seine Gemeinde zu mehren.

Ein paar Wochen später dann war in der Kirche
kein Platz mehr, so groß war die Schar.
Als ihr Lied sich erhob,
dem Strohsack zum Lob,
stand der wieder regungslos da.

Da kam wie so oft noch der Zufall ins Spiel,
denn der Heilige Strohsack fiel um.
Und aus dem Sack raus
fiel eine Maus
und lief in der Kirche herum.

Die Gläubigen schrien: »Oh Heiliger Strohsack,
gelobet seist du immerdar!
Wir zweifelten schon,
doch dann kam dein Sohn!«
Der Strohsack lag einfach nur da.

Sie legten der Maus etwas Speck vor den Strohsack,
doch was man am nächsten Tag sah:
Da war noch der Speck,
das Mäuschen war weg.
Der Strohsack lag einfach nur da.

Die Trauer war groß in der Strohsackgemeinde,
ihr Gott hatte sich abgewandt.
Da kam plötzlich ein
Fremder hinein,
der hielt etwas in seiner Hand.

Der Fremde sprach laut: »So fürchtet euch nicht,
ihr seid nicht mehr länger verloren!
Denn euch wurde heut
mit großem Geläut
der Heilige Bimbam geboren!«

Er hob voller Stolz eine Glocke nach oben,
in Hoffnung auf großen Applaus.
Doch einige schrien:
»Als der Typ erschien,
verschwand uns're Heilige Maus!«

Die Strohsackgemeinde verfolgte den Fremdling
mit Heugabeln durch ihren Ort.
Die Glocke im Arm
schlug er laut Alarm,
und irgendwann war er dann fort.

Als man nach der Hetzjagd die Kirche betrat,
saß neben dem Strohsack die Maus.
Da war'n alle froh
und blöde wie Stroh,
und dieses Gedicht ist jetzt aus.

Doch die Geschichte vom Mensch und vom Strohsack
wird man nie bis zum Ende erzählen.
Der Mensch braucht den Halt,
weil er vieles nicht schnallt
und ihn Existenzfragen quälen.

So lange sucht er sich allmächtige Freunde,
denn wer ist schon gerne allein?
Die sind immer da
und unbesiegbar
und machen dir Wasser zu Wein.

Sie sind alle irgendwie gleich supergeil
und tragen nur andere Namen.
Ob Jesus, ob Stroh,
Hauptsache froh. –
In Ewigkeit, Seligkeit, Amen.

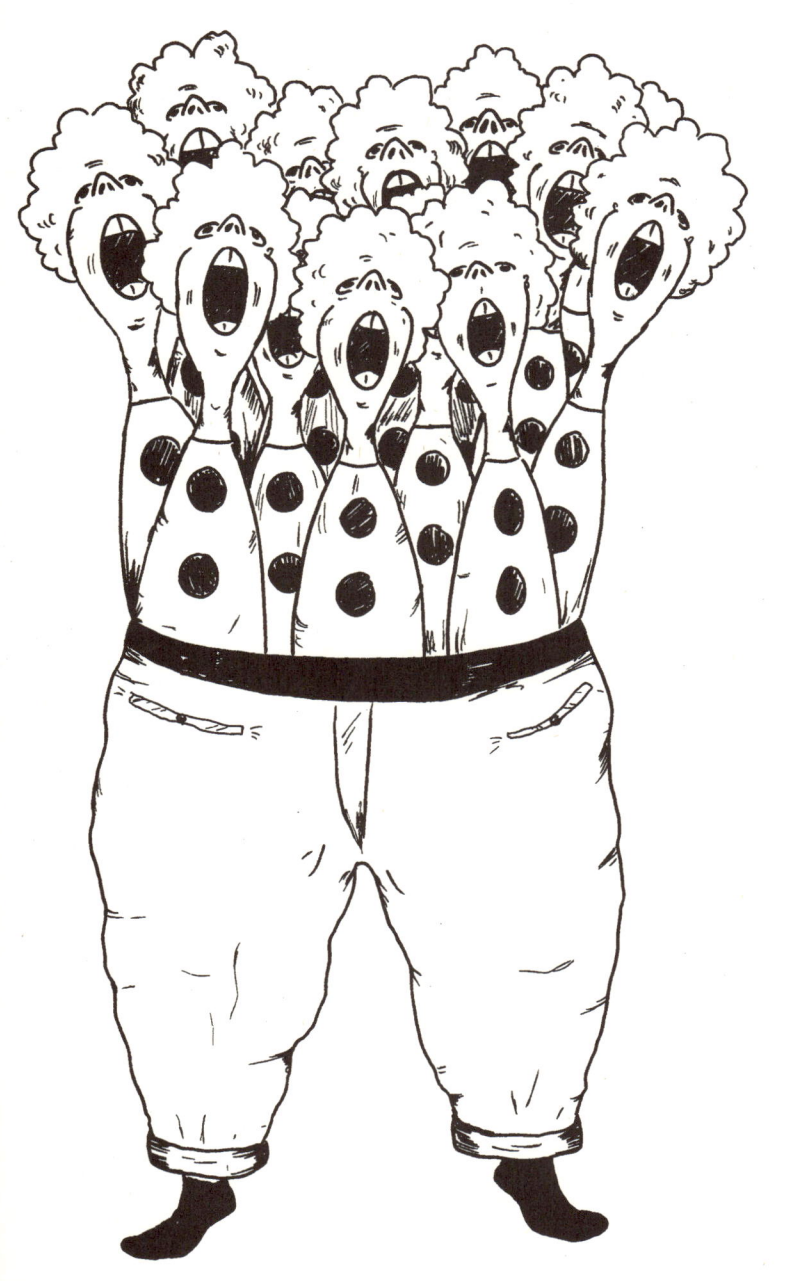

Herr Gesangsverein

Plattenbaugrau turmt die Siedlung.
Dort, wo niemand Lieder singt,
lebt der Mensch in Menschenschachteln,
die man schwer zum Klingen bringt.

Totes Symphonieorchester,
Tonleiter aus Stahlbeton;
Schall zerbricht in Hochhausschluchten,
Rentner rotzen vom Balkon.

Hunderudel bellen leise,
Beißkrampf in der Kinderhand;
mit der andern schreibt das Opfer
»Hilfe!« an die Hochhauswand.

Keine Note kann erklingen;
wo man Trübnis seufzen hört,
ist Musik nur Krach von drüben,
der beim Fernsehgucken stört.

Dort, im großen Lebensstapel,
wird die Zeit sehr einsam sein,
glaubt man an die Macht der Lieder,
so wie Herr Gesangsverein.

Der hört jene feinen Zeilen,
die der Schall nur leise spricht,
und noch jedes Handyklingeln
fügt sich in ein Lautgedicht.

Wie ein Baum in einer Wüste,
in der sonst kein Grashalm blüht,
ist es Herr Gesangsverein,
der sich um die Musik bemüht:

Steht in seinen Musestunden
mit dem Taktstock in der Hand
am Balkon mit wehem Blicke,
seiner Umwelt zugewandt.

Da erscheint im andern Hochhaus,
fast wie Schnee zur Sommerzeit,
dieses Mädchen wie ein warmer
Sonnenschein im Seidenkleid.

Herr Gesangsverein betrachtet
sie, wie man Gedichte liest,
als sie am Balkongeländer
aufgehängte Blumen gießt.

Schon wird ihm das Mädchen Muse,
die ihn tief im Herz berührt,
deren Pulsschlag, Blick und Atem
er beim Dirigieren spürt.

»Freude, schöner Götterfunken!«,
sagt sich Herr Gesangsverein.
»Heute soll'n wir feuertrunken
himmlische Verliebte sein.

Soll die Welt ein Ständchen singen,
dass des Mädchens Herz zerbricht.
Denn Musik ist eine Sprache,
die sogar Tim Bendzko spricht.

Auf zum großen Meisterwerke!
Auf zum Kampf um ihre Gunst!
Wird es scheitern, ist es Schicksal,
wird es klappen, ist es Kunst.

Dieses Stück wird das perfekte
Ende aller Künste sein.
Alles, was zum Singen fähig,
finde sich zum Chore ein!«

Erster Ton des ersten Taktes,
Spannung wächst im Publikum:
Leises Rascheln zweier Blätter
Fensterbankbasilikum.

Auf dem Spielplatz Schaukelquietschen.
Niemand, der die Stimme ölt,
als ein stadtbekannter Säufer
Lieder von der Liebe grölt.

Denn Romantik ist für ihn
nicht bloß graue Theorie:
Zwischen Weinbrand und Jack Daniel's
steht 'ne Packung Mon Chéri.

Da ertönt ein zart gehauchter
Klang, der nur durch Wind entsteht,
der die Lidl-Werbezeitung
raschelnd über Asphalt weht.

Wo die NPD-Tapete
seufzend von den Wänden rutscht,
hört man, wie ein Neonazi
heimlich einen Döner lutscht.

Als aus einer Wasserleitung
Wasser auf den Boden tropft
und ein Specht im gleichen Rhythmus
gegen einen Strommast klopft,

schnarcht im Schlaf ein Straßenköter;
ist beim Streunen eingedöst,
während sich ein Geiferfaden
schmatzend von den Lefzen löst.

In der Lonsdale-Jogginghose
eines Atzen klingt vertraut
das Geschepper eines Eies,
das gegen ein andres haut.

Hochgetunte Autos hupen,
Schritte durch das Treppenhaus,
Mutter, die ihr Kind verprügelt,
Fernsehpublikumsapplaus.

Bienen, die in Bieren planschen,
Rotze platscht auf den Asphalt,
dann die Amsel, die mit Vollgas
gegen eine Scheibe prallt.

Bauarbeiterknoppersknuspern,
aufgeriss'ner Klettverschluss,
hochfrequente Frauenfürze,
speichelreicher Zungenkuss.

Alle Hunde aller Straßen
folgen Herrn Gesangsverein.
Auf den Hunden reiten Katzen,
die vor Freude lauthals schrei'n.

Dort! Die Herde Islandponys,
die zum Hochhaus galoppiert;
und dahinter kommen tausend
Smartphones langsam anvibriert.

Alle Vögel aus der Gegend
sammeln sich zum großen Chor,
steigen aus den Hochhausschluchten
dieser grauen Stadt hervor.

Und als stünde Hades offen,
dringen aus der Unterwelt:
Bieber, Nena, Silbereisen,
und was sonst sein Maul nicht hält.

Alles eint sich, alles mischt sich,
alles wird zum Lied vereint.
Harmonie ist jener Wohlklang,
wenn sich Schall in Ohren reimt.

Höher schwillt der Welten Singen!
Alles, was der Mensch vermisst,
schweigt. Weil dieses Lied in deinem
Land nicht mehr verfügbar ist.

Schon steht einer von der GEMA
(Supersondersoundeinheit)
auf dem Hochhaus gegenüber,
Aktenkoffer schussbereit.

»Hier spricht einer von der GEMA!«,
kräht der Knilch im grauen Zwirn.
»Legen Sie den Taktstock nieder,
dann wird Ihnen nichts passier'n.

Es gibt Anlass zur Vermutung,
dass Sie hier Musik gespielt,
ohne uns Bescheid zu sagen,
dass man hier die Kunst bestiehlt.

Denn im Namen aller Künstler
rächen wir die feige Tat,
öffentlich Musik zu spielen,
für die man zu zahlen hat!«

Plötzlich, die Dramatik steigernd,
bricht ein Regensturm herein.
Allem Wind und Schicksal trotzend
steht der Herr Gesangsverein

immer noch, die Hand erhoben,
zeigt der Taktstock stolz empor.
Fels, an den die Springflut brandet –
ein Mann starker Heldenchor.

Und das Mädchen gegenüber
schreit ihr Flehen in den Wind.
Argumente und Appelle,
die der GEMA schnuppe sind.

Zitternd hält er seinen Taktstock,
den sein Vater ihm vermacht,
der wie seines Vaters Vater
ebenso Musik gemacht.

Für die Kunst und für die Liebe,
diesen pathosschweren Pakt!
Gegen jeden GEMA-Terror
setzt er an zum letzten Takt.

Im Moment des ersten Tones
fällt ein Schuss vom Hochhausdach,
trifft die Brust des Dirigenten,
der mit einem letzten »Ach«

fällt und stumm wird, alle Zeiten.
Langsam trägt der Wind ihn fort,
und bis heute hallt von weitem,
hörbar kaum, sein Schlussakkord.

So erzählt man die Geschichte,
und so soll's für immer sein:
Lasst die GEMA nicht gewinnen,
mein lieber Herr Gesangsverein.

Nicht schlecht, Herr Specht

Herr Bertolt Specht war zweifelsohne
eine Spechthandwerksikone.
Angestellt im Großbetrieb,
bei dem er nach der Lehrzeit blieb;

schob dort täglich Extraschichten,
saß danach noch an Berichten –
Rinden-Härte-Wert-Tabellen,
kalkulierte Sollbruchstellen –,

hielt (wenn seine Zeit es zuließ)
Vorträge für Spechtazubis;
kurz bevor der Tag zu Ende,
kehrt' er das Betriebsgelände.

Dann, im Dunkeln heimgeflogen,
Jogginghose angezogen,
blieb statt Feierabendfeeling,
abendlichem Schnabelpeeling,

oft am Ende Zeit für gerade
so 'ne Fertigtiefkühlmade
und ein zimmerwarmes Bierchen
für das bettelarme Tierchen,

das mit letzter Willenskraft
den letzten Weg ins Bett geschafft,
um pünktlich mit dem Morgengrauen
den Schnabel in den Baum zu hauen.

Doch all die Opfer, die er brachte,
alle Mühen, die er machte,
all die Tränen, all der Schweiß,
sein nicht enden woll'nder Fleiß –

all das gab er dem Betrieb.
Und als Dank? Nicht mal ein Piep!
Wenn man sich die Bilanz ansah,
die dank Herrn Specht fantastisch war,

kam vom Chef geradebrecht
ein läppisches »Nicht schlecht, Herr Specht«.

Nicht schlecht, Herr Specht!

Und als er mal im Fall der Fichte,
gegen deren derbe, dichte
Rinde manche Spechtkollegen
schon so tragisch unterlegen,

nur mit einem höchst präzisen
Schlag dem ganzen Nadelriesen
seine Rinde abgeschlagen,
hörte er den Chef nur sagen:

»Nicht schlecht, Herr Specht.«

In all den Jahren,
die nun schon vergangen waren,
hörte er nur diesen einen
schrecklich, unpersönlich kleinen

Satz, der, so dahergesprochen,
Herrn Specht beinah das Herz gebrochen.
Worte ohne Wert und Wärme,
wie ein Lied aus weiter Ferne,

das ein toter Vogel singt;
Luft, die halt wie Sprache klingt.
Trotzdem ist er immer wieder
im Arbeitssicherheitsgefieder

an seinem Arbeitsplatz erschienen,
um dort wie gewohnt zu dienen,
und war damit nicht übertrieben,
aber meistens ganz zufrieden.

Doch! *(Das Wort an sich zeigt deutlich:*
Jetzt wird es sehr unerfreulich.
Und das Timbre in der Stimme
unterstreicht, dass sich das Schlimme

auf die Handlung zubewegt
und das Poem entscheidend prägt.
Denn dem ›Doch‹ folgt:) eines Tages
(es ist hart, aber so war es;

mit) sollte alles anders kommen.
(hat das Unglück schon begonnen.)
Denn in der Betriebskantine
trat mit trüber Trauermiene

der Chef vor seine Mitarbeiter,
grüßte kurz und sprach dann weiter
von den Konjunkturproblemen,
Steuern, die die Wirtschaft lähmen,

explodierten Nebenkosten,
Billigmaden aus dem Osten;
dass ein Weg aus der Misere
leider nicht so einfach wäre.

Opfer sei'n nicht zu vermeiden,
doch man müsse sich entscheiden.
Lange Rede, kurzer Sinn:
Letztlich käm' man nicht umhin,

diesen Wald hier aufzugeben
und nach China zu verlegen.
Kaum war das letzte Wort gesprochen,
war das Chaos ausgebrochen:

Spechte ballten ihre Krallen,
und am kräftigsten von allen
ballte sie Herr Bertolt Specht.
Wie unbeschreiblich ungerecht

ist die Welt! Doch dann zerstoben
unter fürchterlichem Toben
Schmutz und Staub, und genau da
wo eben noch die Decke war,

klaffte 'n Loch, und drunter stand
im selbstgenähten Kampfgewand
ein legendärer Superspecht:
der große Captain Arbeitsrecht!

Der Kämpfer für die Rechte jener
unterdrückten Arbeitnehmer
rief pathetisch die Parole:
»Erst der Specht und dann die Kohle!«

Flog dann, im Gesetzbuch blätternd,
Internationale schmetternd,
über'm Chef, der, ängstlich kauernd,
schon die Kündigung bedauert',

als durch die Kantinentüre
gleich dem Auftritt der Walküre,
samt Feuer, Rauch und Blitz und mit
Donnerschlag ein Vogel tritt.

Es war: Doktor K! Wobei das »K«
die Kurzform für »Kapitalismus« war –
ein fürchterlicher Bösespecht,
Feind von Captain Arbeitsrecht.

»Man hat so viel, wie man sich nimmt!«,
rief er, und der Chef rief: »Stimmt!«
Der Doktor hob zwei Kündkanonen,
geladen mit Profitpatronen,

schoss auf Captain Arbeitsrecht.
Der Arbeitnehmersuperspecht
wollt' sich schnell gegen den schweren
Angriff mit Gesetzen wehren.

Erschrocken stellte Bertolt fest,
dass sich so 'n Schuft nicht stoppen lässt.
Scheinbar hat der im geheimen
Dr.-K-Labor den einen

Schwachpunkt im Gesetz gefunden
und das Recht nun überwunden.
Schutzlos stand der Captain da
vor dem bösen Doktor K,

der mit dem »Bilanzverbesser-
durchlohnkostenvermeidungsmesser«
zustach, um mit Schurkenlachen
dem Captain den Garaus zu machen.

Doch kurz bevor der Mord vollzogen,
kam Herr Bertolt Specht geflogen.
Mit der Wut des unterdrückten,
von der Arbeitslast gebückten

Spechtenproletariates,
dem Opfer dieses Hochverrates,
stellte er sich vis-à-vis
dem bourgeoisen Federvieh,

hob die Krallen, sagte: »Halt!
Das ist unser Wald!«
Und es erschien mit viel Juchhe
der alte Geist der SPD:

»Und es erblühen rote Nelken,
die alsbald zu Staub verwelken,
dem ein roter Stern entsteigt,
der fortan allen Spechten zeigt

den einen Weg, sich zu verbünden
und Spechtgewerkschaften zu gründen.«
Da verschwand der Doktor K,
so wie er gekommen war:

Donner und Walkürenritt,
und den Chef nahm er gleich mit.
So wurde dieser Kampf gewonnen,
doch Doktor K wird wiederkommen.

Wenn Geld sich gegen Spechte wendet,
wenn Moral am Zahltag endet,
wenn sich der Wald in Markt verwandelt
und jeder für sich selber handelt,

dann, ihr Spechte und Spechtinnen,
dann soll unser Kampf beginnen.
Noch geht's vielen hier nicht schlecht,
dank so Typen wie Herrn Specht.

Drum lasst uns uns're Krallen ballen:
Dieser Wald gehört uns allen.

Alter Schwede

Prolog

Aus dem Haus des alten Schweden
tritt eben jener so wie jeden
Tag zur Tür hinaus und steht,
bis hinter ihm die Tür zugeht,

mit einem Klick ins Türschloss fällt,
und zwischen Schweden, Haus und Welt
definiert die Grenzbereiche
besagte Tür aus alter Eiche,

stellt mit erwähntem Klick nun klar:
Es bleibt nicht so, wie's vorher war.
Das tut sie mit der Ruh' der Türen,
die wir in zu'en Zimmern spüren,

und ohne dass sie ahnt, dass die
Geschichte auf ihr Zutun wie
auf einen Startschuss wartete
und mit dem Klicken startete.

*

Im Wald fiel Schnee auf kaltes Holz,
der tagsüber ein wenig schmolz
und nachts gefror zu langen Zapfen.
Bis auf das schwere Schneeschuhstapfen

des durch die Schneeschicht gehenden Schweden
war es still im Wald, der jeden
Schritt, der seine Stille störte,
mit tausend dunklen Ohren hörte.

Und tausend dunkle Augen sahen
einen alten Schweden nahen
und vorübergehen. Er trug bei sich, gut geschliffen,
der Griff vom Greifen abgegriffen,

seine Axt – eine von jenen
Exemplaren, die in Schweden
die gerade dreizehn Jahre alten
Knaben schon vom Staat erhalten.

Und durch den Widerstand des tiefen
Neuschnees der Polarnacht liefen
ein alter Schwede, seine Axt,
und währenddessen starb ein Lachs.

Und Schnee fiel aus dem Firmament
auf einen Weg, den der nur kennt,
der ihn zuallererst gegangen.
Der Schwede und die Axt gelangten

schließlich an den Rande einer
Lichtung, auf der sich ein kleiner
Obelisk aus Stein befand.
Und vor dem Obelisken stand,

verziert mit Runen und Popanz,
ein Schrein, aus dem der Lichterglanz
von Kerzen wie schon jahrelang
die Dunkelheit der Nacht bezwang.

Der Schwede trat zum Schrein heran,
setzte sich davor, und dann
zog er sich in aller Ruhe
zuerst die schneeverklebten Schuhe,

dann den Rest der Schwedentracht
aus und saß nun in der Nacht,
so wie wer ihn schuf, und hob
die Axt hoch wie zum Gotteslob

und murmelte auf Schwedisch jenen
Zauberspruch des alten Schweden,
so wie sicher tausendmal
zuvor bei diesem Ritual.

Nach den ersten Versen stand
der Opa aus dem Schwedenland
auf und tanzte wild im Kreise,
wobei er weiterhin ganz leise

und wie von Sinnen Formeln sprach,
um mit der letzten Silbe nach
Norden hin sich zu verneigen,
sich dem Nordstern nackt zu zeigen,

der Götter Augenlicht zu blenden
mit unrasierten Männerlenden
und einer Axt in seinen Händen
die Zeremonie zu beenden.

Da schwang der mystisch aufgegeilte
Schwede seine Axt und teilte
geradewegs die erste Fichte,
die er vor die Klinge kriechte.

Wie des Schweden Schläge dringen
durch den Leib aus Jahresringen!
Bissen sie sich durch Geschichte,
machten Ring für Ring zunichte,

hackten Kleinholz und entzweiten
zu Holz erstarrte alte Zeiten,
als schoss aus einem Holzgewitter
ein Wirbelsturm aus Regensplittern.

Und als der Fichtenstamm hernach
mit lautem Krach zu Boden brach,
schlug der Schwede weiter auf
den ausgeknockten Baumstamm drauf.

Schwere Schwedenschläge bebten,
Sägespäneschwaden schwebten,
und als der letzte Schlag verklungen,
waren auch die Schwaden ganz verschwunden.

Und da stand, allein im Wald,
ein Schwede, müde, nackt und alt.
Und dort, wo eben noch so stolz
die Fichte stand, stand nun aus Holz,

formvollendet, praktisch, ein
Musterbeispiel für Design:
das schönste Ende einer Fichte,
ein Meilenstein der Schnitzgeschichte,

ein Werk von Schwedenaxt und -hand
und altem Schwedensachverstand,
so ästhetisch, so genial:
ein Regal.

Ein Möbelstück, wie es der Schwede
seit vielen Jahren so wie jede
Nacht zu sich nach Hause trug
und dort mit seiner Axt zerschlug.

Denn niemand sollt' die Tradition
(die seines Vaters Vater schon
an seinen Sohne, als er starb,
mit letztem Atem weitergab)

kennen, jenen Bund der Schweden,
die nur mit einer Axt aus jedem
Baum ein Möbel bauen können
und die sich selbst IKEA nennen.

Eines Nachts jedoch geschah,
als alles grad wie immer war,
etwas Unvorhersehbares:
Neblig, kalt und finster war es,

als der alte Schwede schwitzend,
nackt an einem Tischchen schnitzend,
eine Fee im Wald entdeckte,
die sich dort vor ihm versteckte.

Ertappt schlich sie zum alten Schweden,
um diesen dann zu überreden,
ihr eine Schrankwand zu kreieren,
sie würde gerade renovieren.

Dafür hätt' er dann auch drei
Wünsche als Belohnung frei.
Doch der alte Schwede blieb
hart, was sie zur Weißglut trieb.

Immer lauter wurd' die Fee,
erhöhte erst sein Wunsch-Budget,
warf sich dann mit aller Kraft
auf den Schweden, der den Schaft

der Axt der Fee entgegenschlug,
die im vollen Feenflug
mit dem Kopf dagegenprallte
und leblos auf den Boden knallte.

Und wie sie nach dem schweren Schlag
im Sterben vor dem Schweden lag,
hat die Fee es grad geschafft,
bevor sie ward dahingerafft,

im letzten Atemzug den Schweden
mit einem Fluch noch zu belegen:
So soll'n sein Wirken und sein Tun
und alle seine Möbel nun

sein von nied'rer Qualität
und geringer Stabilität;
soll'n beim Anblick schon erzittern,
beim Zusammenbauen splittern,

dass sich sogar die stärksten Mannen
den Imbus in die Beine rammen,
die Bauanleitungen für Thorben,
Salmi, Billy, Smør und Jorgen

und wie immer sie auch heißen
in blanker Hysterie zerreißen,
den Nutzer beim Benutzen quälen,
und immer sollen Schrauben fehlen.

Es soll das Holz in seinen Händen
zu, aus geschützten Waldbeständen
gepressten, Spanholzplatten werden,
und Lack soll dieses Leid verbergen,

alle Schubladen soll'n klemmen,
die Märkte soll'n sie überschwemmen,
dass das Elend die vier Wände
der armen Kunden weltweit schände,

die beim Kaufen unvermessen
Köttbullar und Hotdogs fressen.
Dann erlag sie ihren Wunden,
der Fluch ward an die Welt gebunden.

Und er wirkt heute noch immer,
wirkt in jedem Kinderzimmer;
kein Ort bleibt von ihm verschont,
ob man dort lebt oder dort wohnt:

Jedes Teil aus dem blau-gelben
Katalog wird noch im selben
dunklen Wald, am Arsch der Welt,
vom alten Schweden hergestellt.

Auch gerade jetzt hebt er die Axt,
und irgendwo stirbt noch ein Lachs.

Ach du liebes Bisschen

Das liebe Bisschen ist gar nicht wahr.
Es ist auch gar nicht da.
Es ist meistens ein Versehen.
Man darf's nicht falsch verstehen.

Es ist schwer zu entdecken.
Es liebt, sich zwischen Zeilen zu verstecken.
Man erkennt es oft nicht,
es hat ein schönes Gesicht.

Das liebe Bisschen will nur spielen,
nur ein bisschen zielen.
Es ist mit der Strömung geschwommen;
es hat nur mal angenommen.

Das liebe Bisschen hat das nicht so gemeint.
Oh, nein! Das liebe Bisschen weint!
Das liebe Bisschen wollte doch nur ...
Lasst das liebe Bisschen in Ruhe!

Es schimpft aus seinem Loch:
»Man wird doch wohl noch!«
Das liebe Bisschen darf alles sagen,
es darf dich alles fragen.

Es ist sehr leicht verständlich.
Jemand, der sich traut – na, endlich!
Es benutzt Ausrufezeichen,
ein oder zwei reichen.

Es ist nicht laut und gemein,
es hat gelernt, leise zu sein.
Seine Reden sind rund,
seine Lügen schön bunt.

Sein Blick ist getrübt –,
den hat es geübt.
Es ist nicht dabei gewesen,
aber es hat die Zeitung gelesen.

Es ist gut informiert.
Es ist voll integriert.
Es schützt, was es hat.
Es ist so unglaublich satt.

Denn es hat sehr viel verdient;
es hat sich das alles ganz alleine verdient.
Für ein Leben hinter Glas
und Angst und Spaß.

Und aus seinen Liedern werden
geflüsterte Beschwerden.
Aus dem Bisschen wird sehr viel,
dann beherrscht es dieses Spiel.

Und irgendwann hat das liebe Bisschen gewonnen;
so hat es oft schon begonnen.
Das liebe Bisschen hat ein Streichholz in der Hand,
es riecht ein bisschen angebrannt.

Aus seinem Mund kommt Rauch,
an seinen Lippen klebt Schmauch.
Und aus Haaren wird Laub,
aus seiner Haut wird Staub,

Mauern werden Sand,
nur ein Streichholz in der Hand.
Irgendwo hat es ja recht ...
Ihm ist morgens oft schlecht.

Es hat Galle im Blut,
aber den andern geht's gut.
Und im Bus ist es eng,
im Treppenhaus riecht es streng,

und Familie ist wichtig,
irgendwie ist das nicht richtig ...
Und sich dann noch beklagen!
Es hat ein Recht, das zu sagen!!

Sagst du: »Nein«, sagt es: »Doch!
Man wird doch wohl noch ...«

Donnerlittchen

Wenn auf dem Feld Getreideähren
gleich aufgewühlten Wellenmeeren
wirbelnd umeinander wiegen,
bis sie zerknickt am Boden liegen;

wenn sich in Gärten Wäscheleinen
in Schlangen zu verwandeln scheinen,
die sich durch ihr wildes Winden
selbst versuchen loszubinden;

wenn ein Baukranführer schlummert,
weil Regen auf das Krandach wummert,
während klitschnasse Kollegen
heimlich Rachepläne hegen;

wenn den Atomkraftwerksbesitzer
in seinem neuen flotten Flitzer
die Windkraft von der Straße treibt
und er im Graben liegen bleibt;

wenn einem Kind mit einem Drachen
samt glockenhellem Kinderlachen
mit einem Blitz ein Licht aufgeht,
weil es jetzt auch Physik versteht –

dann ist das einfach Marktwirtschaft.
Keine unmenschliche Kraft,
die Wunderwerk am Himmel schafft,
sondern einfach Marktwirtschaft.

Die dunklen Regenwolkendecken,
die sich von da nach dort erstrecken,
die nahende Gewitterluft,
gewürzt mit wohlbekanntem Duft

von Regentropfen auf Asphalt,
und jeder Donner, der verhallt,
nachdem ein Blitz am Himmel zuckte,
sind letzten Endes nur Produkte

von unzähligen komplizierten,
immer wieder optimierten
Gewitterproduktionsprozessen.
Dort, wo die großen Tiefdruckpressen

Sonnenschein und Warmluftmassen
langsam kälter werden lassen,
sieht man jene rußverschmierten,
amateurhaft tätowierten,

weißen Blaumann tragenden,
selten etwas sagenden
Wetterengel beim Malochen
Roth-Händle auf Kette roochen.

Und ganz nebenbei bedienen
sie die Wolkenwindturbinen,
die kleinste Brisen zu enormen,
Dach abdeckenden Böen formen.

In isolierten Ernteschalen
sammeln sie die Sonnenstrahlen,
die andre sorgsam aufbereiten,
kontrollier'n und weiterleiten

in ein Gerät aus Spiegelprismen,
wo rätselhafte Mechanismen
ihr rätselhaftes Werk beginnen
und so die Energie gewinnen,

die durch dicke Kabelstränge
in unvorstellbar großer Menge
die angeschloss'ne Wolke lädt,
die so, elektrisch aufgebläht,

unter solcher Spannung steht,
bis sich ein Blitz aus ihr entlädt;
während andere von Hand
den Regenstoff im Rohzustand

in den Regengenerator stopfen,
aus dem letztlich die Regentropfen
auf den Zielort niedergeh'n,
wo Menschen dann zum Himmel seh'n,

die Handflächen nach oben drehen,
besorgt ein wenig schneller gehen.
»Ein Gewitter zieht herauf!
Zu Hause stehen die Fenster auf!«

Doch leider hatten jener Tage
aufgrund von schlechter Auftragslage
und fehlgeschlagenen Rettungsschirmen
nur noch zwei Gewitterfirmen

die dafür nötigen Maschinen
und die Macht, sie zu bedienen,
im Himmel ihren Firmensitz:
Donnerlittchen und Pott's Blitz.

Zwei Firmen, die seit Generationen
nach alten Handwerkstraditionen
mit Passion, Skills und Gottvertrauen
bestes schlechtes Wetter bauen.

Da sagte eines Tages so
ein Donnerlittchen-CEO:
»Von zwei starken Konkurrenten
profitieren die Konsumenten

durch Wettbewerb und Preisnachlässe.«
Jedoch sein CEO-Interesse
seien am Schluss von vier Quartalen
richtig geile Jahreszahlen;

gut sei ihm nicht gut genug.
Während er das sagte, schlug
der Irre aus der Chefetage
mit geballter Faust in Rage

wütend auf sein iPad ein.
Ein zweiter CEO kam rein,
und es erscholl 'ne Melodie
aus seinem neuen Blackberry.

Dann sangen beide wie von Sinnen
mit Evian-verwöhnten Stimmen
das Lied von höheren Gewinnen
und noch höheren Gewinnen.

Im Text vom Führungskräftechor
kam zwölfmal das Wort »Wachstum« vor,
hundertzehnmal »Effizienz«,
viermal »global influence«,

elfmal »Maximalrendite«,
tausendmal das Wort »Profite«,
achtzehnmal »Investition«,
doch nie das Wörtchen »Mindestlohn«.

Im Nachhall ihres Schlussakkords
druckten sie mit einem mords-
mäßig großen Tintenstrahl-
drucker in phänomenal

kurzer Zeit mit einem Mal
das ganze Firmenkapital
als Gegenwert auf DIN A4
in Aktien auf Kopierpapier.

Mit dem letzten Ausdruck kam
ein dritter CEO und nahm
die in Papier verwandelte
Firma und verhandelte

mit potentiellen Aktionären –
den Möchtegernemillionären,
die natürlich all die netten
Versprechungen von richtig fetten

Dividenden dufte fanden.
Und auf diesem Weg erstanden
die Chefs genügend frische Kohle,
um die Firma von der Sohle

bis zum Scheitel zu sanieren,
richtig geil zu investieren
und Donnerlittchen damit so
als Company auf Weltniveau

technisch und vor allen Dingen
finanziell voranzubringen.
Statt Arbeiter mit Ernteschalen
zum Einsammeln der Sonnenstrahlen

flogen oben nun Legionen
hochmoderner Erntedrohnen.
Dank neuster Rain Technology
konnte man beinahe die

Hälfte Regenrohstoff sparen,
obwohl die Tropfen nasser waren.
Die riesig großen Windanlagen
aus nicht up-to-daten Tagen

wurden derart aufgepimpt,
dass von nun an jeder Wind,
der bei einem Sturm entsteht,
zwanzig Prozent schneller weht.

So konnten Produktivität,
Efficiency und Qualität
in allen Fertigungsbereichen
neue Bestmarken erreichen.

Donnerlittchen senkte so
die Preise auf Rekordniveau.
Pott's Blitz verlor auf diesem Wege
immer mehr Projektaufträge,

bis man dort dann einsehen musste,
in Anbetracht dieser Verluste
und des weiteren Preisverfalls
gab es keinen Ausweg, als

zuzumachen und sich dem
kapitalistischen Extrem
zwischen Gut und Überleben
nach langem Kämpfen zu ergeben,

der Donnerlittchen AG wohl
oder übel Monopol,
die ganze global influence,
'nen Weltmarkt ohne Konkurrenz

und die globalen Wolkenmassen
voll und ganz zu überlassen.
Für Donnerlittchen brachen dann
wunderbare Zeiten an.

Endlich flossen die Moneten,
denn überall auf dem Planeten
gab es Bangen und Erzittern
vor Donnerlittchens Sturmgewittern.

Doch an jenes Jahres Ende
standen vorm Betriebsgelände
in geleasten BMWs
mit gezückten Portemonnaies

aus echtem Elefantenleder
die Aktionäre, und ein jeder
klatschte wütend in die Hände,
schrie: »Dividende! Dividende!«

Doch von den drei CEOs
erhielten sie am Ende bloß
eine E-Mail, in der sie
mitteilen mussten, dass man die

Dividende nicht so wie
angekündigt zahle, die
Kosten der Komplettsanierung
schlügen nach der Bilanzierung

dieses Jahres hoch zu Buche,
dass man jedoch solutions suche.
Man storme brain und lighte high
feede ständig back und sei

optimistisch und erwarte
durch Outsourcing der Kleinsturmsparte
positive Spareffekte.
Ein kluger CEO entdeckte

nach genauem Überlegen,
dass mit Zeitarbeitsverträgen
die überflüss'gen Mitarbeiter
in auftragsschwacher Zeit nicht weiter

auf die Arbeit kommen brauchten,
wo sie eh nur Kette rauchten.
»Und alle profitieren dabei:
Wir sparen Geld, und die ham frei.«

Durch den Einsatz importierter,
im Labor synthetisierter
Regenrohstoffimitate
aus unbekannter Herkunft sparte

man den Aktionär'n zum Wohle
wieder eine Menge Kohle.
Die letzte Sparmaßnahme war
das Arbeitssicherheitsblabla:

Wem schadet schon das bisschen Blitz?
Und den alten Firmensitz
konnte man der Steuern wegen
einfach in die Schweiz verlegen,

bis nichts mehr von dem übrigblieb,
was mal als Traditionsbetrieb
für bestes schlechtes Wetter stand;
nur Geld in Aktionärenhand

und achtlos auf die Welt gespuckte
Massenfertigungsprodukte.
Und wenn wieder ein falsch dosiertes,
kostengünstig produziertes

Unwetter das Land zerstört;
wann immer man im Radio hört,
dass Billigregenwassermassen
Leid und Elend hinterlassen;

wenn nicht korrekt geprüfte Blitze
im Wald die kleinen Wildschweinkitze
in Wildschweinkitzbriketts verwandeln,
sind das Folgen aus dem Handeln

nach nur einem Ideal. –
Zitat aus Marx' »Das Kapital«:
»Das Kapital ist verstorbne Arbeit, die sich nur vampirmäßig belebt durch Einsaugung lebendiger Arbeit und um so mehr lebt, je mehr sie davon einsaugt.«

So steht's seit 150 Jahren.
Obwohl die Zeichen deutlich waren,
nimmt alles weiter seinen Lauf.
Es zieht wohl ein Gewitter auf.

Das Marx-Zitat stammt aus: Das Kapital. Band 1. Dritter Abschnitt: Die Produktion des absoluten Mehrwerts. MEW 23, S. 247

Heide Witzka

In einem Dorfe fern der Städte,
nahe den Wäldern, immergrün,
wo in Gärten Gänseblümchen
Gänseblümchenduft versprüh'n;

wo an Fenstern Kuchen kühlen,
die mit Pudding prall gefüllt,
wo das Leben sich gemächlich
durch die Vorgärten idyllt;

dort, wo Omas heimwärts hetzen,
weil um acht der Jauch beginnt;
wo Menschen, die wie Opas aussehen,
Opas und nicht Hipster sind;

da tanzen Kinder auf den Straßen,
den Soundtrack singt der Eichelhäher.
Welt! Hier bist du noch in Ordnung,
wenn da nicht Heide Witzka wär ...

Heide Witzka hasst die Menschen;
in ihr pumpt ein Herz aus Stein
kaltes Blut durch enge Adern
in ein böses Hirn hinein.

Im Seiden-Ku-Klux-Klan-Pyjama
schleicht sie nachts in Gärten rum,
tritt mit ihren Springerstiefeln
Gänseblümchenbabys um.

Man erzählt sich in den Kneipen,
Heide Witzka kam zu Geld
durch Welpenweitwurfwettbewerbe,
wo sie Weltrekorde hält.

Einmal hat sie auf der Kirmes
Kinderschminken offeriert
und dann statt bunten Schmetterlingen
Hakenkreuze tätowiert.

Bis die Wut der Dorfbewohner
sich in einem Mob entlädt,
der mit Fackeln und Plakaten
vor Heide Witzkas Häuschen steht.

»Ruhe!« Es spricht der Bürgermeister
mit dem Zepter in der Hand:
»Kraft der Macht, die mir verliehen
durch das Bürgermeisteramt,

befehle ich dir, dass du gehst.
Wiederkommen darfst du dann erst,
wenn du diesen Test bestehst:

Bringst du einen Mensch zum Lachen,
ohne Zwang und ohne Kauf,
stehen dir in diesem Dorfe
wieder alle Türen auf.«

Heide Witzka packt die Koffer,
vollkommen in Wut entbrannt,
tritt ein letztes Gänseblümchen,
nimmt 'nen Welpen in die Hand,

wirft ihn auf den Bürgermeister
und verfehlt nur knapp ihr Ziel,
zeigt dem Dorf den Stinkefinger
und verzieht sich ins Exil.

Nun ist eine für den Autor schwierige Situation eingetreten: Heide Witzka läuft durch die Gegend und ist sauer. Das ist nicht sonderlich ergiebig, weswegen die Zeit bis zum nächsten schilderungswerten Ereignis durch einen selbsterfundenen Witz überbrückt wird: Was ist schwarz-gelb gestreift und spielt mit falschen Karten? Eine Schummel!

Vor Heimweh krank beschließt die Heide,
Witzigsein auszuprobieren.
Und so übt sich Heide Witzka,
andere zu amüsieren.

Jeder Mensch, der ihr begegnet,
wird von Heide angewitzt,
die glühend heißen Hass auf Menschen,
doch kein Fünkchen Humor besitzt.

Ein Kind stirbt! Vom Witz getroffen.
Ein Neonazi weint vor Schreck;
meistens aber rennen alle,
die sie sehen, schreiend weg.

Weil das Schicksal selbst gern lächelt,
kommt ein Clown mit Clownsgepäck –
rote Nase, bunte Kleidung,
große Schuh' und Wurfgebäck.

Er betrachtet Heide Witzka,
die mal wieder jämmerlich
an einer Pointe scheitert,
und verspricht ihr feierlich

bei der Ehre seines Standes
und seiner Pflicht als Humorist,
sie so lang zu unterrichten,
bis sie wirklich witzig ist.

In ihrer ausweglosen Lage
willigt Heide Witzka ein.
Fortan soll der Clown ihr Lehrer
in der Kunst des Witzes sein.

Schon beginnt die Trainingseinheit.
Erste Lektion: Witzchemie.
Aus welchen Stoffen sind die Witze,
und wie kontrolliert man sie?

Wie die Teile eines Witzes
miteinander reagieren,
bis am Ende des Prozesses
die Pointen resultieren.

Zweite Lektion: Witzgeschichte.
Antike bis zur Gegenwart.
Auch das dunkelste Kapitel
der Geschichte: Mario Barth.

Sahnetortenzielwurftechnik,
Gleiten auf Bananenschalen,
Stolpern über Gegenstände,
bunte Schmetterlinge malen.

Zwischendurch noch: Witzefitness.
Witzerzähl'n auf einem Bein,
Zwerchfellmuskelaufbautraining,
hundert Meter Lustigsein.

Tage, Nächte – kommen, gehen.
Heide lernt und lässt sich quälen.
Doch auch nach dem vielen Training
kann sie keinen Witz erzählen.

Dort am Rande der Verzweiflung
fühlt sich Heide so allein.
Wie kann man Heide Witzka heißen
und noch nicht mal witzig sein?

Bitter weint sie jene Tränen,
deren Form und Farbenspiel
auf den Wangen andrer Menschen
zu betrachten ihr gefiel.

Da kitzelt etwas Heide Witzka
an der Haut, von Tränen nass:
eine kleine Plastikblume
in der Hand vom Clown, der das

tut, was Clowns am besten können:
drückt sie tröstend an sich ran.
Heide Witzka kann nicht anders,
macht die Augen zu, und dann

küsst sie einen solchen Kuss,
der keine Geigenmusik braucht,
der Raum und Zeit und Welt und All
in Zucker und Konfetti taucht.

Alles blitzt und blinkt und winkt
und knistert elektronisch,
dann macht sie ihre Augen auf
und sagt zum Clown: »Schmeckt komisch.«

Seine rotgeschminkten Lippen,
die vom Kuss noch leicht benetzt,
formen erst ein kleines Grinsen,
das zu einem Lachen wächst.

Und so nun wird der Bann gebrochen:
Große Schuhe, großes Glück –
Hand in Hand gehen Clown und Heide
ihren Weg ins Dorf zurück.

Jahre später springen Heide
und ihr heißgeliebter Clown
nachts und ganz in Schwarz gekleidet
über einen Gartenzaun.

Er trägt Gießkanne und Spaten,
sie ein Lachen, und sie tanzt,
wenn sie in den Nachbarsgärten
Gänseblümchenbabys pflanzt.

Auf dem Heimweg nimmt er einen
Luftballon und bläst ihn auf.
Aufgemalt mit Lippenstift
steht die Moral des Textes drauf:

Nicht für jeden ist die Welt
so angenehm und bunt.
Lachen macht das Leben schön,
doch braucht man einen Grund.

Wer lacht, hat einen Schatz gefunden,
was auch den Traurigsten gelingt,
wenn jemand sie bei den Händen nimmt
und sie dann zum Lachen bringt.

Weiß der Kuckuck

Weiß der Kuckuck? Weiß er's nicht?
Ich hab ihn mal gefragt.
Doch als ich ihn das fragte,
hat der Kuckuck nichts gesagt.

Ich hatte meine Frage
extra simpel formuliert,
damit der kleine Kuckuck
diese Frage auch kapiert.

Erst siezte ich den Kuckuck,
doch ich wechselte zum Du.
Da sah er mich nur fragend an
und sagte nichts dazu.

Ich fragte auf Französisch
höflich: »Est-ce que savez-vous?«
Das Gleiche dann auf Englisch:
»Do you know, Mr. Cuckoo?«

Doch auch meine Gebärden
verstand dieser Kuckuck nicht.
Da wurde mir dann klar,
dass so ein Kuckuck gar nicht spricht.

Der Kuckuck schweigt beharrlich
selbst beim tausendsten Versuch.
Denn kein Wort außer »Kuckuck«
steht im Kuckuck-Wörterbuch.

Der Kuckuck bildet offiziell
das Gegenteil von klug.
Der Kuckuck hat zwar ein Gehirn,
doch leider nicht genug.

Auf die Frage, was die Welt
im Innersten zusammenhält,
schaut der einen an,
als hätte er sie grad gestellt.

Schleicht sich ein Luchs zum Kuckuck hin,
um diesen zu erlegen,
sagt der Kuckuck »Kuckuck« nur
und tut gar nichts dagegen.

Fragt man aber nach dem Grund,
muss er kurz überlegen,
sagt dann schließlich »Kuckuck«
und weiß nicht einmal, weswegen.

Von allen Tieren ausgelacht,
von der Natur gemobbt,
und auch wenn er gelegentlich
in Kuckucksuhren jobbt,

er chillt lieber den ganzen Tag
und denkt sich nichts dabei,
spielt leidenschaftlich Angry Birds
und glotzt RTL2.

Ab und an wird voll Genuss
vom Ast hinabgeschissen.
Wie soll ein Kuckuck etwas,
das ich selbst nicht wüsste, wissen?

Doch wenn ich einen Kuckuck seh,
dann krieg ich das Gefühl:
Der Kuckuck weiß, was er da tut,
und handelt mit Kalkül.

Seine Dummheit lebt er aus
mit so großem Elan;
dahinter steckt mit Sicherheit
ein großer Masterplan.

Vielleicht versteht er etwas,
das wir Menschen nicht versteh'n;
vielleicht ist ja die Klugheit,
nicht die Dummheit das Problem.

Früher war Intelligenz
noch nicht so unser Ding.
Der Mensch, der wurd' gefressen,
und das Mammut war der King.

Der Mensch wurde dann klüger,
und er nahm sich einen Stein
und schlug fortan mit einer Waffe
auf das Mammut ein.

Die Steine wurden größer,
wie des Menschen Intellekt,
und folglich wurden irgendwann
Atomwaffen entdeckt.

Bis heute macht sich Klugheit
auf dem Arbeitsmarkt ganz gut.
Doch was ist all das Wissen wert,
wenn man nichts damit tut?

Wenn der Typ, der richtig viel
von der Materie versteht,
'nen Typen trifft, der ohne Stein
ein Mammut jagen geht;

wenn jener diesem Typen
nichts von seinem Wissen sagt,
ist er dümmer als der Typ,
der ohne Waffen Mammuts jagt.

Denn wenn ein Dummer Dummes tut,
dann weiß man ja, warum.
Ein Kluger, der nichts Kluges tut,
ist dementsprechend dumm.

Die Dummen, die sich dumm verhalten,
sind schon schlimm genug.
Es gibt so viele Kluge,
wieso handeln die nicht klug?

Wenn jemand, der nicht schwimmen kann,
im Badesee ertrinkt,
derweil ein Rettungsschwimmer
dort am Ufer steht und winkt,

das Geschehen begutachtet
mit hohem Sachverstand
und dann ruft: »Sie ertrinken!«,
doch er reicht ihm keine Hand,

dann ist der, der nicht schwimmen kann,
am Ende leider tot,
und der, der sehr gut schwimmen kann,
ist plötzlich der Idiot.

Der Kuckuck hat sein Denken
deshalb weiter optimiert
und vollkommen beendet,
denn der Kuckuck hat kapiert:

Man rührt die Dinge ja nicht an,
nur weil man sich befasst.
So ist man grad so hilfreich
wie der Kuckuck auf dem Ast.

Vom Lesen in der Zeitung
kriegt man Gänsehaut, und dann?
Freut man sich, dass man darüber
Small Talk machen kann.

Doch wenn man von Problemen weiß
und sich nicht engagiert,
ist man dümmer als ein Kuckuck,
der sich nicht mal interessiert.

So weiß man letztlich nur genau,
dass man was machen müsste.
Da wär es doch viel klüger,
wenn man all das gar nicht wüsste.

Wer nichts weiß, muss nichts vergessen
und braucht kein Gewissen mehr.
Kein Rauch in den Klamotten,
keine Flüchtlinge im Meer,

keine Kacke auf dem Teller,
keine Glatzen in der Stadt –
das Leben ist viel schöner,
wenn man keine Ahnung hat.

Wer sich fragt, braucht eine Antwort.
Die weiß sowieso der Wind.
Solange man noch wach ist,
wenn die Wolken lila sind,

ist die Welt in bester Ordnung,
auch wenn alles andere brennt.
Und solange sagt man »Kuckuck«,
weil man »Yolo« noch nicht kennt.

Das ist das Schöne an der Freiheit
und auch das Problem daran:
dass wirklich jeder Depp
für sich allein entscheiden kann:

Ist man nun ein Kuckuck,
und ob man ein Kuckuck bleibt.
Dann kommt's zum Beispiel darauf an,
was man für Texte schreibt;

auf die Bücher, die man liest,
und auf die Lieder, die man singt;
was man von den Menschen annimmt,
was man der Gesellschaft bringt;

auf die Zeit, die man sich nimmt,
und auch die Stimme, die man hat.
Das angewandte Wissen
findet auf der Straße statt.

Auf die Träume, die man träumt,
und was man für die Träume tut,
denn »Unglück« ist doch letztendlich
ein Anagramm von »Wut«.

Dass man sich im Spiegel ansieht
und sich dabei hinterfragt:
Hab ich heut was anderes
als »Kuckuck« nur gesagt?

Ich trag selber Kuckucksfedern,
auch mein Schnabel ist sehr groß,
und so sehr ich mich bemühe,
ich werd beide doch nicht los.

Trotz der Wut, trotz ZEIT-Abo,
sogar trotz Abitur!
Wieso um Himmels willen
reicht es trotzdem meistens nur

zu ein paar gelikten Seiten
und ab und zu zu 'nem Gedicht?
Vielleicht weiß es ja der Kuckuck,
ich selber weiß es nicht.

Herr Morgenstund

Im Duden stehen zweihunderttausend Begriffe,
und mit Titel verzierte Experten
beziffern den Reichtum der möglichen Wörter
der wie einen König verehrten

Sprache der Deutschen auf fünf Komma drei zwei
acht und ein paar zerquetschte Milliarden.
Genug Munition für die Texte und Lieder
der Redner und Schreiber und Barden.

Und auch für den täglichen Umgang im Alltag,
da dürfte die Menge genügen
zum Schimpfen und Loben und Fragen, Behaupten,
Verraten und Flüstern und Lügen.

Doch scheint es, als ob die Experten sich irrten.
Denn hört man die Menschen so reden,
dann scheint es im Wortschatz des heutigen Menschen,
wenn's hoch kommt, zwölf Wörter zu geben.

Die anderen stauben in Büchern dahin
und sind nicht mehr sehr lange am Leben,
weil wir sie nicht brauchen und einfach zu faul sind,
den Deckel vom Wortschatz zu heben.

Und während die Menschen die Sprache im Small Talk
und Small Chat auf WhatsApp vergessen,
ist Herr Morgenstund scheinbar der letzte Vertreter
der wortreichen Sprache. In dessen

Wortschatz befinden sich funkelnde Wörter
von so großer Schönheit, dass sie,
kaum war'n sie gesprochen, einander umtanzten,
und wurden so zu Poesie,

die alles verzauberte, was sie berührte,
und sei es auch noch so obszön,
hässlich und grausam, verfallen und traurig.
Wenn er drüber sprach, wurd' es schön.

Sprach er von Tränen aus Augen auf Wangen,
von Menschen, die weinten, da fand
er so schöne Worte von so großem Trost,
dass der Grund für die Traurigkeit schwand.

Und all diese traurigen Tropfen verwandelten
sich, als er von ihnen sprach,
in Perlen, in denen, von Perlmutt umschlossen,
die Tränen versteckt war'n danach.

Redete er von den Wolken am Himmel,
die lang schon die Sonne verdeckten,
da wurde das Grau plötzlich klar wie Kristall,
und über den Himmel erstreckten

sich Wolken, an deren geschliffenen Formen
das Sonnenlicht tausendfach brach,
und als Regenbogenfarbe zur Erde hinabfiel,
genau als Herr Morgenstund sprach.

Sprach man mit ihm, wurden Ängste zu Gliedern
aus Silber, und wenn davon genug
umeinander sich wanden, entstand eine Kette,
die man sorglos und selbstbewusst trug.

Selbst das an den Seiten des Körpers vorhandene
Fett beschrieb er so galant,
da dachte niemand mehr an Übergewicht,
und es wurd' fortan »Hüftgold« genannt.

Sprach er von Stress, wurde der, der das hörte,
entspannt, und der Zeitdruck zerfiel.
Versteckt in der Asche fand man eine Uhr,
die zeigte die Zeit, doch das Spiel

vom Jagen und Kriegen der Zeiger erschien
wie ein Paartanz aus Frieden und Ruh.
Herr Morgenstund lebte das Leben der Dichter:
Er sprach, und man hörte gern zu.

Doch einzig sich selbst konnte er nicht erreichen.
Egal was er sagte, es war,
als wären die sonst so verzaubernden Worte
für seine Probleme nicht da.

Drum war er nicht reich, meistens hatte er Stress,
und die Sorgen bedrückten ihn schwer.
Doch anderen Menschen mit helfenden Worten
zu dienen, genügte, bis er

ein Mädchen traf, das er ab diesem Moment
so verehrte, dass er nur für sie
atmen und denken und schreiben noch wollte.
Drum drehte sich die Poesie

nur noch um sie, die er liebte, doch fiel ihm
kein Wort mehr ein, als er sie sah.
Das war dann das erste Mal in seinem Leben,
dass Herr Morgenstund sprachlos war.

Und doch trat er vor sie, um sie zu betören
mit einem Poem wie aus Gold!
Doch wie er so dastand, da fiel ihm nichts ein,
und alles, was er sagen wollt',

staute sich an zwischen Zunge und Hals wie ein Kloß,
und statt eines Gedichts
tröpfelte aus sonst so sprudelndem Munde
ein »Ähhhh« nur, und sonst kam da nichts.

Herr Morgenstund zog sich zurück in sein Zimmer,
wie traurige Dichter es tun.
Und dann erst, als all seine Tränen geweint war'n,
beschloss er, nicht eher zu ruh'n,

als so lang zu dichten, bis Worte ihm einfielen,
die beschrieben, was sein Herz empfand.
So saß er alleine im Mondschein am Fenster
bei Tabakrauch, Rotwein und wand

und verzehrte sich, schrie ihren Namen, doch
kein weiteres Wort konnte er
sagen, als drängten Millionen von Silben
zur gleichen Zeit durch eine sehr

kleine, fast nur einen Buchstaben fassende
Öffnung in sein Gesicht.
Und er ballte die Faust, so wie Dichter es tun,
wenn die Seele vor Zweifeln zerbricht,

und all die geschwiegenen Worte der Liebe,
sie bündelten sich in der Hand:
Gefühl wurd' Gewissheit, Gewissheit ein Schwur,
und was nur aus Worten bestand,

wurde nun greifbar, verwirklichte sich, wurde fest,
war nicht mehr nur ein Wort.
Er öffnete seine vom Ballen ganz zittrige
Hand wie 'ne Blüte, und dort

lag nun ein Ring – aus Gedanken geformt.
Sein vollkommener Körper und Glanz
reimten sich so wie Herrn Morgenstunds Worte,
die einander ergänzten und ganz

gleich, wie man Ring oder Worte auch drehte,
so sah man nur die Harmonie
aus Inhalt und Form in Herrn Morgenstunds Ring
wie ein goldrundes Stück Poesie.

Und irgendwann trat er dann vor sie und gab ihr
den Ring und ein schüchternes »Ach«.
Da nahm sie den Ring aus ganz zittrigen Händen
mit zittrigen Händen und sprach:

»Einen Ring so wie diesen kann ich dir nicht bieten,
und auch meine Worte sind Tand,
und kaum von Bedeutung.« Da wurde sie traurig,
Herr Morgenstund nahm ihre Hand.

Da fiel eine Träne auf haltende Hände,
als sie ihre öffnete, fand
sie darin einen Ring, so perfekt wie der ihre,
und wie ein Gewitter verschwand

die Traurigkeit aus ihren Augen, und endlich
verband sich, was verbunden sein will,
durch einen Ring aus Gedanken, und einem aus Tränen,
und die Zeit und die Welt standen still.

Und während die beiden auf wiehernden Ponys
in den Sonnenuntergang galoppieren,
der Abspann beginnt und die Filmmusik einsetzt,
bleibt Zeit, um kurz zu resümieren:

Die große Romantik ist ohne Geld möglich.
Die Liebe kennt keinen Preis, weil:
Auch ohne den Ring hätte sie ihn gewählt,
doch der Ring war halt einfach zu geil.

»Liebe« klingt schön, und es spricht sich so leicht,
doch ist »Liebe« kein Wort, das man sagt,
sondern das, was man tut, wie man hilft,
wie man ist, und das, was man den anderen fragt.

Eine Umarmung, ein Kaffee am Morgen,
so kann man die Zuneigung zeigen,
oder halt eben ein Ring, der beweist:
Es stimmt mit dem Gold und dem Schweigen.

Mary Kristmess

In besonders schweren Zeiten,
wenn sich dunkle Mächte streiten,
trägt der Mensch das ganze Leid:
Neue Mächte, neue Zeichen,
nur die Sorgen sind die gleichen,
und was blutet, heilt die Zeit,

bis sich neue Kräfte regen,
die Besitzansprüche hegen,
bis das erste Messer steckt.
Dann bestellt der Mensch Verbände,
wäscht sich gründlich seine Hände:
Der OP-Tisch ist gedeckt.

Tapfer harrt der Mensch den Dingen,
die die dunklen Zeiten bringen,
und erträgt das üble Spiel;
erfährt dann die Resultate
über Zeitungsinserate,
doch sonst ändert sich nicht viel.

Er geht shoppen und entspannen,
und die Mächte, die gewannen,
seh'n herunter vom Podest.
Können's immer noch nicht fassen,
dass wir sie so machen lassen.
Und der einzige Protest

ist das Klicken flacher Knöpfe
oder noch flachere Köpfe,
die durch Dresdens Straßen irr'n.
Und sie lachen, und sie rauben,
wir verlieren Geld und Glauben
an das menschliche Gehirn.

All das dachte sich im Stillen
Mary Kristmess, die beim Chillen
in 'nem Starbucks-Sessel saß,
um wie beinahe jeden Morgen
Koffein sich zu besorgen,
und dabei 'nen Cookie aß.

In der Vierten schrieb sie Mathe.
Der Gedanke daran hatte
den Gedankengang entfacht.
Denn ihr Sitznachbar Jan Philipp
fand doch jede Prüfung billig,
und da hatte sie gedacht,

mit ein paar heimlichen Blicken
könne sie ja von ihm spicken.

All das hat sie ihn gefragt
voller Angst vorm Sitzenbleiben
und vorm Mathearbeitschreiben.
Doch Jan Philipp hat gesagt:

»Nee, das mag ich nicht so gerne.
Wenn du gut sein willst, dann lerne,
aber wehe, du schreibst ab!«
Sie stand da und sah ihn gehen,
konnte einfach nicht verstehen.
Und sie sah an sich herab:

ihren Körper, ihre Hände
ihre Beine und ihr Ende,
wo der Fußboden begann;
sah die andern Gymnasiasten
zu der nächsten Stunde hasten,
denn die Dritte fing grad an;

sah sie selten nur gewinnen
gegen Lehrer, Schrägstrich, -innen.
Und der Leistungsdruck wog schwer
auf den tiefgebeugten Rücken;
dieses nie endende Drücken
von der Magengegend her.

Niemand darf mehr Zeit verlieren!
Früh den Arbeitsmarkt sondieren!
Und die Müden schnupfen Speed,
um die Leistung zu erzielen

für ein Spiel, das andere spielen
und man nur von weitem sieht.

Es zählt nur die Zeugnisnote,
denn in ferner Zukunft drohte
ein verdammt hoher NC,
den es galt zu überwinden,
um das große Glück zu finden.
Und Jan Philipp sagt da »Nee«?!

Durch Sortierung in »Das Beste«
und in »Letzte Menschenreste«
schafft man Knochen und Filet.
Wer macht heut' noch Räuberleiter
pull the last one up, und weiter?
Und Jan Philipp sagt da »Nee«?!

Brot und Liebe für die Schwachen;
Witze denen, die nie lachen.
Und wenn ich was nicht versteh,
brauch ich Hilfe von euch allen.
Ich darf nicht noch mal durchfallen.
Trotzdem sagt Jan Philipp »Nee«?!

All das sagte Mary in der
Pausenhalle, und die Kinder
aus den Stufen fünf bis zehn
und die Oberstufenklassen
näherten sich ihr in Massen,
um sie besser zu versteh'n.

Hundert Smartphones filmten Mary,
das Video wurd' legendary
und millionenfach geschaut.
Als die ersten Hefte brannten,
hatte man aus Schulatlanten
Barrikaden aufgebaut,

während die Chemie-AGler
durch 'nen blöden Kommafehler
im Rezept für TNT
nebst den ganzen Aktenschränken
auch das Lehrerzimmer sprengten.
Aber niemand tat sich weh.

Lehrer solidarisierten,
gaben Nachhilfe, marschierten
mit den Schülern Hand in Hand,
hielten bunte Transparente:
»¡Hasta la victoria siempre!«
Und sogar Jan Philipp stand

auf dem Schuldach und skandierte:
»Streber und Privilegierte,
lasst uns gute Lehrer sein
jenen, die uns bisher mobbten!
Helft den Dummen und Bekloppten,
und lädt man uns auf Partys ein,

lernen wir auch was von ihnen.«
Mit dem letzten Wort erschienen

Cops in voller Schutzmontur.
Und im Auto an der Spitze
saß mit feinem Seidenschlipse
und 'ner Donald-Trump-Frisur

einer, der das Gleiche hasste,
dem das Mischverhältnis passte
zwischen Schäfer, Hund und Schaf.
Der, der davon profitierte,
dass man Menschen einsortierte,
weil er dann ihr Chef sein darf.

»Dieser Aufstand ist zu Ende!
Räumen Sie das Schulgelände!
Stühle auf die Tische stell'n!
Wegen Ihrem Fehlbetragen
wird ein Elternsprechtag tagen
und gerechtes Urteil fäll'n!«

Mary und Jan Philipp rannten
auf den Wall aus Schulatlanten:
»Keiner kämpft für sich allein!
Lasst uns heut' zurückbenoten!«
Und ein Sturm aus Pausenbroten
peitschte auf die Staatsmacht ein.

Medizinballhagelschauer!
Die Gymnastikmattenmauer
hielt den Polizisten stand.
Nasse Tafelschwämme schwirrten,

Philo-Kurse debattierten,
lasen aus Immanuel Kant,

Riesentafelzirkel stachen,
doch die Polizisten brachen
durch die Reihen mit Gewalt.
Mary rief durch Reizgasschwaden:
»Auf die Bäume, Kameraden!«
Und sie rannten in den Wald.

Schüler mit Sportleistung hoben
nicht so sportliche nach oben,
und ein Sportlehrer half auch.
Schließlich zogen sie die letzten
auf die Äste der besetzten
Bäume, und durch dichten Rauch

sah man Mary, wie sie ohne
Ängste in der höchsten Krone
eines Tannenbaumes stand.
Als sie mit den Sägen kamen,
zählten sie bis drei und nahmen
ihre Smartphones in die Hand,

und die ganze Welt sah einen
Displaylichterstern erscheinen
in der Dunkelheit der Nacht –
als ein gut sichtbares Zeichen
für den großen Kampf der Gleichen
gegen jede dunkle Macht.

Und auch dieses Jahr zum Feste
hängt man darum Licht an Äste,
singt dabei ein Weihnachtslied
zwischen Plätzchen und Geschenken,
lohnt es sich, kurz nachzudenken,
was man in den Lichtern sieht …

All das träumte Mary leider.
Als sie aufsah, stand Herr Schneider
da und griff ihr leeres Blatt
mit ihr unbekannten Zahlen.
Neben ihr Jan Philipps Strahlen,
der schon abgegeben hat.

Sie verließ den Raum in Schweigen,
während in Adventskranzzweigen
die Adventskerze erlosch.

Volker Racho
(Bonustrack)

Volker Rachos Wecker klingelt.
Volker Racho: »Guten Tag.«
Voll karacho Volker Racho,
so wie's Volker Racho mag.

Volker Racho nimmt die Kleidung,
wirft sie hoch und springt hinein.
Volker landet in den Schuhen,
und er bindet sie allein.

Volker Racho Bock auf Frühstück.
Volkers Kühlschrank gibt nichts her.
Volker Racho, gar nicht blöde,
beißt sich in die Zunge. Yeah!

Volker muss Geschirr abwaschen,
schluckt 'nen Spülmaschinentab,
trinkt ein Schlückchen Selterswasser
und leckt dann die Teller ab.

Volker Racho gute Laune.
Alles sauber, wie das fetzt,
Volker Racho rennt im Kreis,
denn Volker Racho braucht das jetzt.

Volker Rachos Handy klingelt,
Volker nimmt aus vollem Lauf
das Gespräch an, ruft laut: »Volker«,
und legt direkt wieder auf.

Volker Racho Sondereinheit.
Volker sagt zu allem ja,
Volker setzt sich auf sein Sofa
und sitzt einfach nur so da.

Volker sitzt auf seinem Sofa
und betrachtet seine Wand.
Volker Racho guckt so heftig,
seine Wand gerät in Brand.

Volker Racho unbeeindruckt.
Flammen fast im ganzen Haus,
Volker Racho ruft laut: »Volker«,
und schon geht das Feuer aus.

Volker hat genug vom Sitzen,
Volker Racho will jetzt steh'n.
Volker steht und setzt sich wieder.
Volker Racho: »Kein Problem.«

Volker Racho hört es klingeln.
Jemand steht vor seiner Tür.
Volker will nicht einfach öffnen,
Volker ist zu krass dafür.

Volker holt die Kettensäge,
Volker sägt ein Loch hinein,
steigt hindurch und ruft laut: »Volker«,
so muss Volker Racho sein.

Volker selbst steht vor der Haustür.
Volker bittet sich hinein.
Volker Racho ruft laut: »Volker«,
und lässt Volker dann allein.

Volker hat jetzt Lust auf Liebe.
Volker geht zu einer Frau.
Volker Racho ruft laut: »Volker«,
und schon ist sie schwanger. Wow!

Volkers Kind kommt voll karacho,
kappt von selbst die Nabelschnur,
überspringt den Kindergarten
und kriegt direkt Abitur.

Wie der Volker, so der Sohne.
Volker Rachos Vaterglück.
Volker nennt den Jungen »Tina«
und geht dann ins Haus zurück.

Volker Racho ist jetzt müde.
Volkers Uhr zeigt kurz vor drei.
Volker sagt zur Sonne: »Volker«,
und schon ist der Tag vorbei.

Volker Racho übertrieben,
wie er seine Zähne putzt,
wenn er gegen jede Warnung
abends Aronal benutzt.

Volker Racho kann nicht schlafen.
Schäfchenzähl'n soll hilfreich sein.
Volker zählt, bis keins mehr da ist,
und schläft immer noch nicht ein.

Voll karacho ungeduldig.
Volker Rachos Einschlaftrick:
Volker Racho bricht sich selber
Voll karacho das Genick.

Volkers Seele steigt nach oben,
steht in Gottes Angesicht.
Volker macht High Five mit Gott,
denn Volker kennt den Typen nicht.

Volkers Wiederauferstehung,
so wie's Volker Racho mag.
Volker Rachos Wecker klingelt.
Volker Racho: »Guten Tag.«

Epilog

In manch Nacht in stiller Stunde
kommt ein Geist in meinen Sinn,
macht mich voll und ganz des Zweifels,
ob ich voll karacho bin.

Schätze mich auf halb karacho,
hab mich lang nichts mehr getraut,
Lebensmotto mehr so: »Geht so«,
und ganz blass ist meine Haut.

Nackt und kalt steh ich am Fenster,
Muskelspiel im Mondenlicht,
frage schwach die Nacht um Hilfe,
doch sie antwortet mir nicht.

Schließlich sehe ich die Lösung.
Fliegt mir durch die Nachtluft zu:
Irgendwo ist immer jemand
noch karachoer als du.

Also lebe ich mein Leben
so karacho, wie ich kann.
Denn an all die Volker Rachos
kommt man sowieso nicht ran.